So wird es gemacht:

Öffne das miniLÜK®-Kontrollgerät und lege die Plättchen in den unbedruckten Deckel!
Jetzt kannst du auf den Plättchen und im Geräteboden die Zahlen 1. bis 12. sehen.

Wenn du das bei der Übungsreihe abgebildete Lösungsmuster siehst, hast du alle Aufgaben richtig gelöst.

Beispiel: Seite 2

Nimm das Plättchen 1. und sieh dir Aufgabe 1 auf Seite 3 an! Ist der Satz zum Bild richtig oder falsch? Er ist richtig! Lege deshalb die 1. auf die 3 im Kontrollgerät. Die Zahl 1 muss nach oben zeigen.

So arbeitest du weiter, bis alle Plättchen im Geräteboden liegen. Schließe dann das Gerät und drehe es um! Öffne es von der Rückseite!

Passen einige Plättchen nicht in das Muster, dann hast du dort Fehler gemacht. Drehe diese Plättchen da, wo sie liegen um und öffne es wieder! Jetzt kannst du sehen, welche Aufgaben du falsch gelöst hast. Nimm diese Plättchen heraus und suche die richtigen Ergebnisse! Kontrolliere dann noch einmal! Stimmt jetzt das Muster?
Das System ist für alle Übungen gleich: Die roten Aufgabennummern im Heft entsprechen immer den miniLÜK-Plättchen aus dem Kontrollgerät. Die Feldzahlen bei den Lösungen sagen dir, auf welche Felder im Kontrollgerät die Plättchen gelegt werden.

Und nun viel Spaß!

Wir sind alle verschieden

(Die Formen von *sein*)

sein

ich **bin**	wir **sind**
du **bist**	ihr **seid**
er/sie/es **ist**	sie **sind**

Richtig oder falsch?

1 Erol und Lena sind fröhlich.

Richtig. 3 Falsch. 10

2 Ich bin krank.

Richtig. 1 Falsch. 11

3 Ihr seid klein.

Richtig. 7 Falsch. 6

4 Lena ist wütend.

Richtig. 9 Falsch. 4

5 Lian und Ben sind gute Freunde.

Richtig. 12 Falsch. 2

6 Du bist müde.

Richtig. 8 Falsch. 5

Welches Wort fehlt hier?

7	Wie alt ___ du?	bin	4	bist	10
8	Wo ___ die Kinder?	sind	7	seid	8
9	Wie groß ___ dein Bruder?	sind	12	ist	11
10	Wieso ___ ich immer die Letzte?	bin	9	ist	3
11	Warum ___ du heute schon so früh da?	sind	6	bist	5
12	Wer ___ ihr denn? Ich kenne euch nicht.	seid	2	ist	1

Was passiert in der Schule?

(Wortschatz – Leseverstehen)

Wörter wie *Tisch, Tafel, Regal* sind Nomen (Hauptwörter).
Nomen haben einen Artikel (Begleiter):

der (der Tisch), die (die Tafel) , das (das Regal).

Die Artikel musst du zu jedem Nomen lernen.

Richtig oder falsch?

1	Ein Junge rechnet.	11
	Ein Junge spielt Fußball.	1
2	Zwei Jungen malen ein Bild.	5
	Zwei Mädchen malen ein Bild.	7
3	Der Lehrer hat eine Brille.	2
	Die Lehrerin hat eine Brille.	10
4	Die Türen sind geschlossen.	12
	Die Türen sind offen.	9
5	Ein Kind liest in der Leseecke.	7
	Drei Kinder lesen in der Leseecke.	4
6	Der Lehrer hat einen Bart.	8
	Der Lehrer hat einen Hut.	3
7	Im Regal sind viele Bücher.	6
	Im Regal sind viele Spielsachen.	5
8	In der Klasse steht ein Baum.	4
	In der Klasse steht ein Computer.	1
9	An der Wand hängen viele Bilder.	9
	An der Tafel hängen viele Bilder.	11
10	Die Uhr ist blau.	5
	Die Uhr ist rot.	12
11	Ein Junge schreibt an die Tafel.	10
	Ein Mädchen schreibt an die Tafel.	3
12	Vor dem Regal steht ein Stuhl.	8
	Vor dem Regal stehen zwei Jungen.	2

Unsere Schulsachen

(Die Formen von *haben*)

haben	
ich **habe**	wir **haben**
du **hast**	ihr **habt**
er/sie/es **hat**	sie **haben**

Welches Wort fehlt hier?

1	Lian ___ eine grüne Federmappe.	hat	9	habe	4
2	Dilek ___ viele Buntstifte.	hast	7	hat	5
3	Lena und Carmen ___ rote Schultaschen.	hat	11	haben	2
4	Ich ___ einen blauen Füller.	hat	3	habe	10
5	Du ___ einen schönen Tuschkasten.	haben	12	hast	8
6	Ihr ___ viele Schulsachen.	habt	6	hat	1

Verbinde die Fragen und Antworten.

7 Wer hat eine blaue Schultasche?

11 Nein, unsere Bücher haben wir nicht dabei.

10 Hast du einen Anspitzer für mich?

8 Habt ihr eure Bücher dabei?

4 Erol hat eine blaue Schultasche.

3 Ja, hier hast du meinen Anspitzer.

9 Hat Lena den Radiergummi versteckt?

11 Hat Lian eine grüne Federmappe?

12 Hast du dein Heft dabei?

7 Ja, Lian hat eine grüne Federmappe.

1 Nein, Lena hat ein Lineal versteckt.

12 Ja, ich habe mein Heft hier.

Darf ich ...? – Dürfen wir ...?

(Wortschatz – dürfen)

dürfen

ich **darf** mitspielen ⇢ wir **dürfen** mitspielen
du **darfst** mitspielen ⇢ ihr **dürft** mitspielen
er/sie/es **darf** mitspielen ⇢ sie **dürfen** mitspielen

Darf ich mitspielen?

Was fragst du, wenn du ...

1 ... Fußball spielen möchtest?
2 ... Verstecken spielen möchtest?
3 ... ein Buch lesen möchtest?
4 ... Karten spielen möchtest?
5 ... Seil springen möchtest?
6 ... Tischtennis spielen möchtest?

Darf ich das Buch lesen? 3
Darf ich Tischtennis spielen? 5
Darf ich Seil springen? 9
Darf ich Fußball spielen? 2
Darf ich Verstecken spielen? 6
Darf ich Karten spielen? 1

Welches Wort fehlt?

7 Ihr ___ in der Pause im Klassenzimmer bleiben.
8 ___ dürfen auf dem Pausenhof nicht Fußball spielen.
9 Du ___ nachts nicht lesen.
10 Sie ___ mit ihrer Freundin noch länger Tischtennis spielen.
11 ___ darf heute das erste Mal im Verein Basketball spielen.
12 Die Kinder ___ im Klassenzimmer nicht Verstecken spielen.

darf 8 | dürft 7 | Wir 12 | darfst 4 | dürfen 11 | Ich 10

Räum auf!

(Wortschatz – Imperativ)

Wenn du jemanden aufforderst, etwas zu tun, benutzt du den **Imperativ.** Wenn du einer Person sagst, was sie machen soll, sagst du: „Carmen, **pack** deine Schultasche!“

Wenn du mehreren Personen sagst, was sie tun sollen, sagst du: „Lian und Erol, **packt** eure Schultaschen!“

Stop – so nicht! Finde die passenden Imperative!

1	du suchst	Renn nicht!	8
2	du rennst	Helft euch!	4
3	ihr träumt	Schreib sauber!	11
4	du schreibst	Such noch mal!	6
5	ihr helft	Iss nicht so schnell!	1
6	du isst	Träumt nicht!	10

Was sagt die Mutter?

7	Maria soll das Zimmer saugen.	Stell den Locher auf den Tisch!	2
8	Lissi soll den Locher wegstellen.	Setz den Teddy aufs Bett!	12
9	Maria und Lissi sollen aufräumen.	Hol den Staubsauger!	5
10	Lissi soll den Teddy aufs Bett setzen.	Pack die Schere in die Tasche!	7
11	Lissi soll die Betten machen.	Räumt euer Zimmer auf!	9
12	Maria soll die Schere wegpacken.	Mach eure Betten!	3

Besuch im Zoo

(Wortschatz – Akkusativ)

der Gorilla	Ich besuche den Gorilla
die Giraffe	Ich besuche die Giraffe
das Kaninchen	Ich besuche das Kaninchen
die Seehunde	Ich besuche **die** Seehunde

Wen besuchst du im Zoo?

1	Erol besucht den Gorilla.	Ja	11	Nein	1
2	Ben besucht die Giraffe.	Ja	5	Nein	10
3	Carmen besucht die Pinguine.	Ja	8	Nein	4
4	Lian besucht die Kaninchen.	Ja	6	Nein	12
5	Lena besucht das Krokodil.	Ja	2	Nein	7
6	Dilek besucht den Tiger.	Ja	3	Nein	9

Hast du das gesehen?

7 Hast du  gesehen? Nein, die habe ich nicht gesehen.

8 Hast du  gesehen? Ja, den habe ich gesehen.

9 Hast du  gesehen? Ja, die habe ich gesehen.

10 Hast du  gesehen? Ja, den habe ich gesehen.

11 Hast du  gesehen? Nein, den habe ich nicht gesehen.

12 Hast du  gesehen? Nein, das habe ich nicht gesehen.

den Bären 7 den Pfau 5 die Giraffe 1 den Löwen 4
das Meerschweinchen 3 die Flamingos 12

Auf dem Spielplatz

(Satzfragen – Regelmäßige Verben im Präsens)

ich spiel**e**	wir spiel**en**
du spiel**st**	ihr spiel**t**
er/sie/es spiel**t**	sie spiel**en**

Wenn du eine Frage stellst, auf die man mit „Ja“ oder „Nein“ antworten kann, steht das Verb an erster Stelle im Satz.
Spielst du gern? → Ja, ich **spiele** gern.

Richtig oder falsch?

1	Schaukelst du gern, Ben?	Ja, ich spiele gern Fußball.	12
2	Trinkst du gern Wasser, Carmen?	Ja, ich male gern.	8
3	Spielst du gern Fussball, Lian?	Nein, ich renne nicht gern.	6
4	Malst du gern, Lena?	Ja, ich schaukele gern.	7
5	Rennst du gern, Erol?	Nein, ich wippe nicht gern.	3
6	Wippst du gern, Dilek?	Nein, ich trinke nicht gern Wasser.	4

Welches Wort fehlt hier?

7	Die Kinder ___ Fußball.	spielt	8	spielen	2
8	Carmen und Jonas, ___ ihr noch lange?	wippt	10	wippst	7
9	Lena ___ ein Bild.	male	4	malt	11
10	___ du mit mir um die Wette?	Rennst	1	Rennen	6
11	Ihr ___ gern und vor allem laut.	lacht	5	lache	3
12	Wir ___ gern auf dem Spielplatz.	spielst	12	spielen	9

Auf der Straße und unterwegs

(Wortschatz – Dativ)

der Bus → Ich fahre mit dem Bus
die Straßenbahn → Ich fahre mit der Straßenbahn
das Auto → Ich fahre mit dem Auto.

Womit fährst du?

1 Ben fährt mit 

2 Carmen fährt mit 

3 Dilek fährt mit 

4 Lian fährt mit 

5 Lena fährt mit 

6 Erol fährt mit 

dem Auto. 5
dem Bus. 9
dem Fahrrad. 10
der Straßenbahn. 8
dem Taxi. 7
dem Roller. 11

fahren, fliegen oder schwimmen?

7	Ein Schiff	fährt.	5	fliegt.	12	schwimmt.	3
8	Ein Krankenwagen	fährt.	2	fliegt.	9	schwimmt.	6
9	Ein Zug	fährt.	12	fliegt.	10	schwimmt.	1
10	Ein Flugzeug	fährt.	7	fliegt.	4	schwimmt.	8
11	Ein Fahrrad	fährt.	6	fliegt.	2	schwimmt.	11
12	Ein Hubschrauber	fährt.	3	fliegt.	1	schwimmt.	4

Zu Hause

(Wortschatz – im / in der)

in + dem = **im**
Ich bin **im** Badezimmer.

in + der = **in der**
Ich bin **in der** Küche.

Ja oder nein?

1	Carmen ist im Badezimmer	Ja	12	Nein	5
2	Dilek ist im Kinderzimmer.	Ja	3	Nein	9
3	Erol ist in der Garage.	Ja	1	Nein	2
4	Ben ist im Wohnzimmer.	Ja	11	Nein	6
5	Lena ist im Keller.	Ja	8	Nein	7
6	Lian ist in der Küche.	Ja	4	Nein	10

Wo kann man das sehen?

7		Einen Herd sieht man	im Wohnzimmer.	9
8		Ein Sofa sieht man	in der Diele.	10
9		Ein Auto sieht man	in der Küche.	12
10		Ein Bett sieht man	im Badezimmer.	7
11		Einen Wasserhahn sieht man	im Schlafzimmer.	11
12		Eine Treppe sieht man	in der Garage.	1

Wann hast du Geburtstag?

(Monate – Jahreszeiten)

Wenn du sagen möchtest, dass etwas in einem bestimmten Monat stattfindet, benutzt du **im**.
Ich habe **im Mai** Geburtstag.

Wenn du sagen möchtest, dass etwas an einem bestimmten Tag stattfindet, benutzt du **am**.
Ich habe **am 5. Mai** Geburtstag.

Wann ist es?

1	Wann ist Weihnachten?	Am 24. Dezember.	2
		Am 24. Juli.	12
2	Wann hat Erol Geburtstag?	Im Oktober.	3
		Im März.	12
3	Wann fängt der Sommer an?	Im Oktober.	7
		Im Juni.	4
4	In welcher Jahreszeit feiern wir Karneval?	Im Sommer.	5
		Im Winter.	7
5	Wann hat Ben Geburtstag?	Im September.	10
		Im Februar.	1
6	Wann bekommen die Bäume Blätter?	Im Frühling.	5
		Im Herbst.	4
7	Wann hat Lena Geburtstag?	Am 19. März.	11
		Am 19. November.	1
8	In welcher Jahreszeit hat Lian Geburtstag?	Im Herbst	9
		Im Winter.	6
9	Wann sind die langen Ferien?	Im Sommer.	3
		Im Herbst.	2
10	Wann hat Dilek Geburtstag?	Im Januar.	10
		Im Juli.	8
11	Wann beginnt der Herbst?	Im September.	9
		Im Februar.	1
12	Wann hat Carmen Geburtstag?	Im Dezember.	9
		Im April.	11

In der Stadt

(Wortschatz – zum / zur)

der Bäcker

der Supermarkt

die Bushaltestelle

der Imbiss

der Kiosk

die Kirche

der Bahnhof

die Post

die Schule

das Blumengeschäft

zu + dem = **zum**
Ich gehe **zum** Bahnhof.

zu + der = **zur**
Ich gehe **zur** Post.

Wohin gehst du?

1		zum Bäcker zur Post	4 9
2		zum Kiosk zur Kirche	10 1
3		zum Supermarkt zur Schule	11 6
4		zum Blumengeschäft zur Kirche	3 7
5		zum Imbiss zur Post	5 12
6		zum Fußballplatz zur Bushaltestelle	2 3

Verbinde die richtigen Satzteile.

7	Ich brauche eine Briefmarke. Ich gehe	zum Supermarkt.	5
8	Ich will mit dem Bus fahren. Ich gehe	zum Fahrradladen.	10
9	Ich muss Milch kaufen. Ich gehe	zum Blumengeschäft.	11
10	Mein Fahrrad muss repariert werden. Ich gehe	zur Post.	9
11	Ich möchte Oma Blumen schenken. Ich gehe	zum Fußballplatz.	8
12	Ich will Fußball spielen. Ich gehe	zur Bushaltestelle.	7

Was hast du am Wochenende gemacht?

(Perfekt)

Wenn du sagen möchtest, was du in der Vergangenheit gemacht hast, musst du das Verb ins Perfekt setzen:
ich spiele → ich **habe gespielt**

Wenn du nur eine Verbform von *sein* in deinem Satz hast, benutzt du die 1. Vergangenheitsform:
ich bin → ich **war**

Bei Verben, die eine Bewegung von einem Ort zu einem anderen beschreiben, benutzt du statt *haben* das Hilfsverb *sein*:
ich fahre → ich **bin gefahren**

Ja oder nein?

1	Erol war am Wochenende im Zoo.	Ja	12	Nein	5
2	Dilek hat Oma und Opa besucht.	Ja	6	Nein	3
3	Lena hat viel geschlafen.	Ja	7	Nein	8
4	Lian hat ferngesehen.	Ja	9	Nein	11
5	Lena ist Fahrrad gefahren.	Ja	10	Nein	1
6	Ben hat am Computer gespielt.	Ja	4	Nein	2

Verbinde die passenden Sätze!

7	Heute liest du ein Buch.	Am Wochenende haben wir Fußball gespielt.	9
8	Heute spielen wir Handball.	Am Wochenende habt ihr viel geschlafen.	6
9	Heute läuft er langsam.	Am Wochenende hast du auch ein Buch gelesen.	5
10	Heute schlaft ihr nicht.	Am Wochenende habe ich nicht gemalt.	10
11	Heute tanzen sie viel.	Am Wochenende ist er schnell gelaufen.	8
12	Heute male ich mit Buntstiften.	Am Wochenende haben sie nicht getanzt.	2

Wie spät ist es?

(Uhrzeiten)

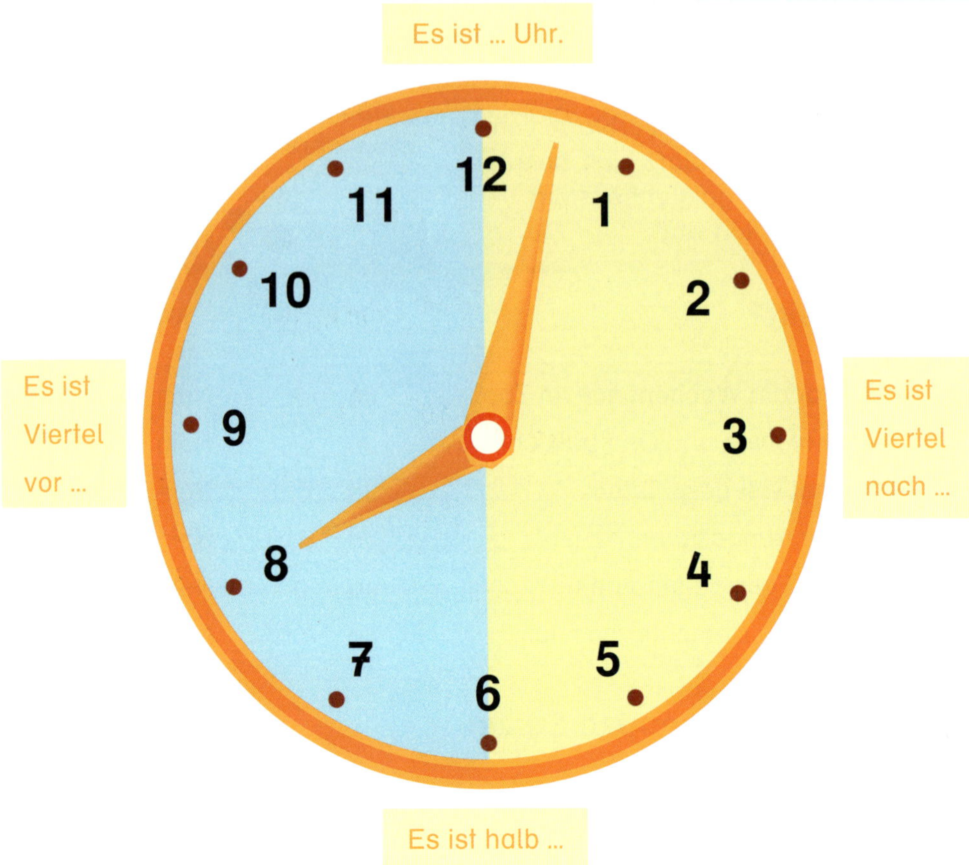

Die Uhrzeit kannst du analog oder digital ablesen. Du sagst aber immer dasselbe. Nur wenn du eine Abfahrtszeit oder eine Ankunftszeit für einen Zug oder ein Flugzeug angibst, sagst du die Ziffern einzeln, z. B. 15:25 (fünfzehn Uhr fünfundzwanzig).

analog 

digital 15:25

Wie spät ist es?

1 15:00

2 

3 

4 18:55

5 

6 13:20

7 

8 11:15

9 14:55

10 

11 

12 18:25

Es ist zehn nach vier. 6

Es ist drei Uhr. 10

Es ist fünf vor drei. 8

Es ist fünf Uhr. 3

Es ist Viertel nach elf. 12

Es ist halb zehn. 7

Es ist zehn vor vier. 4

Es ist Viertel vor sechs. 1

Es ist halb elf. 2

Es ist fünf vor sieben. 9

Es ist zwanzig nach eins. 11

Es ist fünf vor halb sieben. 5

Im Wald

(Wortschatz – Adjektivendungen im Nominativ)

Das Adjektiv verändert sich, wenn sich der Artikel ändert.

Der Mann ist freundlich → der freundliche Mann → ein freundlicher Mann
Die Frau ist freundlich → die freundliche Frau → eine freundliche Frau
Das Kind ist freundlich → das freundliche Kind → ein freundliches Kind

Was gehört zusammen?

1	Der Baum ist groß.	das niedliche Eichhörnchen	2
2	Das Reh ist scheu.	der rote Pilz	6
3	Die Maus ist klein.	die schöne Wiese	4
4	Das Eichhörnchen ist niedlich.	der große Baum	7
5	Der Pilz ist rot.	die kleine Maus	12
6	Die Wiese ist schön.	das scheue Reh	3

Welche Adjektivform fehlt hier?

7	Die ___ Sonne steht am Himmel.	heller	12	helle	8
8	Die ___ Wiese duftet gut.	bunt	7	bunte	9
9	Ein ___ Hirsch steht auf der Wiese.	großer	5	große	2
10	Der ___ Bach plätschert leise.	schmaler	4	schmale	1
11	Eine ___ Meise singt ein Lied.	kleine	11	klein	3
12	Ein ___ Hase hört ihr zu.	braun	6	brauner	10

Wo ist ...?

(Präpositionen im Dativ)

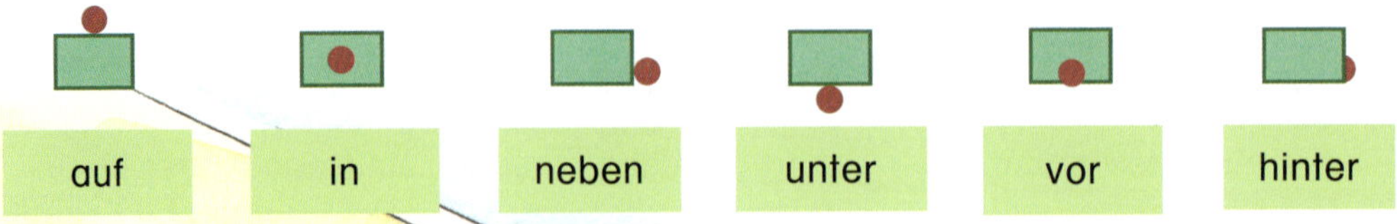

Wenn du beschreibst, wo sich etwas befindet, benutzt du den Dativ.

Wo ist die Butter?	→	Auf **dem** Tisch.
Wo ist das Glas?	→	In **der** Spüle.
Wo ist das Messer?	→	Unter **dem** Regal.

Wo ist der Löffel?

1 

in 1 neben 7

2 

hinter 9 auf 11

3 

vor 5 unter 10

4 

neben 8 auf 3

5 

in 12 vor 4

6 

unter 2 hinter 6

Findest du die richtige Antwort?

7	Die Milch steht	vor dem Regal. 12
8	Die Teller sind	neben dem Kühlschrank. 2
9	Die Messer liegen	in der Spüle. 5
10	Der blaue Stuhl steht	unter dem Tisch. 3
11	Der Löffel liegt	neben der Spüle. 7
12	Der rote Stuhl steht	auf dem Brett. 9

Fragen und Antworten

(Wiederholung)

Du kannst schon viel Deutsch verstehen.
Finde zu jeder Frage eine passende Antwort.

1 Wie geht es dir?
2 Was machst du nicht gern?
3 Wann gehst du zur Schule?
4 Was hast du am Wochenende gemacht?
5 Wohin gehst du nach der Schule?
6 Wann hast du Geburtstag?
7 Wie kommst du zur Schule?
8 Was machst du gern?
9 Wo machst du deine Hausaufgaben?
10 Was siehst du dir im Zoo an?
11 Was sollst du tun, wenn du müde bist?
12 Darfst du jeden Tag fernsehen?

5 Am Wochenende habe ich Fußball gespielt.

11 Ich komme mit dem Bus zur Schule.

4 Ich male gern Bilder.

3 Nein, ich darf nicht jeden Tag fernsehen.

2 Ich mache meine Hausaufgaben in der Küche.

12 Mir geht es gut. Ich bin heute fröhlich.

8 Geh schlafen, wenn du müde bist!

9 Ich habe im Dezember Geburtstag.

10 Ich mache nicht so gern Hausaufgaben.

1 Nach der Schule gehe ich zur Bushaltestelle.

6 Im Zoo sehe ich mir den Tiger an.

7 Ich gehe halb acht zur Schule.

Beantworte nun die Fragen,
dass die Antworten auf dich passen!
Du kannst auch deinem Partner die Fragen stellen.